DES

MOYENS PRATIQUES D'OBVIER

A LA

MORTALITÉ DES ENFANTS

NOUVEAU-NÉS

Paris. — Typographie POUGIN, quai Voltaire, 13.

DES

MOYENS PRATIQUES D'OBVIER

A LA

MORTALITÉ DES ENFANTS

NOUVEAU-NÉS

Par M. le Dr P. CHALVET

PARIS
ADRIEN DELAHAYE, LIBRAIRE
23, PLACE DE L'ÉCOLE-DE-MÉDECINE, 23

1870

INTRODUCTION

La question de la mortalité des enfants nouveau-nés revient périodiquement à l'ordre du jour devant l'Académie de médecine, et elle s'est toujours terminée, jusqu'à cette heure, sans solution pratique. En sera-t-il de même cette fois encore ? Espérons le contraire, surtout si les médecins veulent bien s'empresser de faire connaître les résultats de leurs observations. Voilà cinq ans que je m'occupe d'une façon particulière de l'élevage des enfants nouveau-nés. Je crois avoir réussi à résoudre cet important problème, en m'inspirant simplement des procédés des éleveurs, procédés que j'ai dû modifier selon les besoins de l'organisation sociale de l'espèce humaine.

Ces procédés sont à la fois basés sur l'anatomie, la physiologie et l'expérimentation. Après l'expérimentation du laboratoire est venue l'application à la puériculture.

La principale cause de la mortalité des nouveau-nés est le défaut d'allaitement et l'abus général de l'alimentation prématurée. Il faut bien se persuader d'abord que presque tous les enfants qui sont livrés aux nourrices des départements sont condamnés à ne pas être allaités au sein. Pour aboutir fatalement à ce résultat, point n'est besoin d'envoyer les nouveaunés au fond des campagnes, loin de toute surveillance efficace ; malgré tous les efforts administratifs, sous prétexte de leur donner du bon air, généralement on ne leur offre que la misère.

Ce fait étant bien établi, mieux vaut les faire allaiter dans des centres où une surveillance active peut être exercée, soit par les parents, soit par l'administration. Le biberon a été trop discrédité ; ce système d'allaitement peut rendre des services très-grands. Ce n'est pas le biberon qu'il faut incriminer, mais le lait et les mauvais mélanges dont on le remplit. Autant le biberon est utile, autant le *petit pot* est nuisible. L'enfant nouveau-né doit *teter* et non *boire*.

Mais, il faut bien l'avouer aussi, le commencement de l'allaitement au biberon est difficile à diriger, lorsque le sein de la mère n'a pas été donné pendant quelques semaines au moins. Avec cet adjuvant, la direction du biberon devient facile ; dans le cas contraire, il faut une certaine habitude pour graduer cette alimentation et la tenir complétement en rapport avec les aptitudes digestives du nouveau-né.

Tout le secret de l'élevage gît dans la *conduite de l'allaitement*.

De ce que quelques enfants ont pu se nourrir impunément, *en apparence*, dès les premiers mois de la vie, de lait mélangé et bouilli, d'aliments féculents et d'émulsion d'œuf, il ne s'ensuit pas que cette alimentation soit absolument bonne ; j'espère même démontrer qu'elle est essentiellement mauvaise avant l'évolution des huit premières dents, comme on le dit depuis si longtemps avec juste raison.

Les exceptions qu'on pourra nous citer à cette règle générale, je les admets, tout en déclarant illogique d'ériger l'exception en règle. Encore ces exceptions peuvent bien n'être qu'apparentes, disons-nous. En effet, pour apprécier l'état physique de l'enfant, il ne faut pas seulement tenir compte du poids, c'est-à-dire de la masse, il faut aussi ne pas négliger ce que j'appellerai plus tard la *résistance individuelle acquise*.

Il est incontestable que l'homme s'élève sur l'enfant, qu'il puise ses éléments de force ou de faiblesse dans le travail de son premier développement, tout comme nos animaux domestiques, dût l'orgueil humain trouver ce rapprochement irrévérencieux!

La santé publique est une force, je dirai même une richesse, qu'un peuple ne saurait négliger; et comme cette force est la résultante de la vigueur collective des membres d'une même société, il en résulte que l'éducation physique des enfants nouveau-nés devient une question d'économie sociale de la plus haute importance. Cette question, en effet, a souvent préoccupé *théoriquement* les philosophes, les médecins et même quelques-uns de ces hommes qui se donnent spécialement le titre *d'hommes d'Etat*.

On a toujours conclu, dans ces dissertations spéculatives, que la force physique de chaque individu forme le premier élément de la puissance et de la propriété des nations. Ces déclarations, absolument vraies, sont restées à l'état de mots et de paroles, *verba et voces*, dans les constitutions modernes du moins; car quelques peuples anciens faisaient un sacerdoce de l'éducation physique des enfants.

A qui la faute si ce mauvais état de choses a jeté chez nous de si profondes racines ? Notre société tout entière est coupable, nous le prouverons bien; mais ceux qui doivent le plus directement porter cette responsabilité, sont les hygiénistes, les médecins qui ont faibli et qui faiblissent encore dans leurs conseils. Le blâme doit retomber sur les représentants naturels de la santé publique, qui se sont contentés de parler et ont négligé d'agir; souvent même, leurs paroles ont été des conseils irréfléchis donnés au mépris des lois naturelles. Habitués à subir l'initiative des hommes de l'art en cette matière, nous voyons ce spectacle étrange de pères de famille perfectionnant les races domestiques par l'élevage dirigé selon les lois de la nature, tandis qu'ils laissent leurs enfants dégénérer, grâce aux vices d'éducation physique dont la science ne sait pas triompher !

Nous en sommes arrivés à un point, qu'on le sache bien, où une réforme complète dans *l'élevage* des enfants nouveau-nés est absolument nécessaire. Or, pour qu'une réforme soit efficace, il ne faut pas qu'elle transige avec les antécédents, dès que ces antécédents ne sont pas *intégralement* bons à conserver.

Donc, tout ce que l'élevage naturel basé sur l'étude de l'organisme aux différents âges repousse, nous devons le repousser impitoyablement ; nous ne devons transiger qu'en présence des forces majeures, et, dans ces cas, imiter encore autant que possible les situations naturelles.

En principe, nous n'établissons d'autre différence entre l'élevage physique des nouveau-nés et des petits mammifères que celle qui s'impose par la lenteur relative du développement, par la corrélation des âges.

En effet, il est de petits mammifères de quelques semaines qui équivalent à des enfants de dix à douze mois, au point de vue du développement des organes digestifs. Dans les deux cas, les soins et l'alimentation devront être équivalents.

Comme le dit avec raison M. le docteur J. Gauneau (1), qui a bien étudié cette question, nous sommes trop disposés à prendre l'enfant nouveau-né pour un homme et à lui donner les aliments qui ne conviennent qu'à un autre âge.

J'ajouterai que les mères se croient aussi trop facilement mères à demi, et qu'il est fâcheux que certaines influences, qui font vibrer avec tant de succès beaucoup de cordes moins utiles

---

(1) *Éducation physique et morale des nouveau-nés*, Paris, 1867.

chez les femmes dites du monde, ne leur fassent pas un devoir sacré de l'allaitement, à l'exemple de Mahomet.

On a dit que le vrai remède à apporter à la mortalité des nouveau-nés devait sortir de l'instruction générale du peuple. Personne ne contredira M. Husson sur ce sujet. Nous savons tous que bien des misères seront supprimées par l'instruction, et surtout par une meilleure éducation sociale. Mais pouvons-nous attendre qu'il en soit ainsi avant de porter remède à la mortalité en question ? De plus, n'est-il pas urgent de modifier avant tout les principes qui président actuellement à l'éducation physique des nouveau-nés ? Nous affirmons que si le système d'élevage actuellement appliqué aux nouveau-nés était suivi en zootechnie, il ruinerait rapidement nos éleveurs des belles races domestiques et entraînerait certainement la dégénérescence de leurs plus beaux produits.

Il faut donc protester de suite contre les mauvais soins que l'on croit bons, contre les détestables principes alimentaires que l'on croit excellents.

Qui doit protester contre tout cela ? les médecins et les sages-femmes, qui, pour la plupart, protesteront ainsi contre eux-mêmes.

On a dit, et M. Fauvel insiste sur ce point, que la misère étant la principale cause de la mortalité des nouveau-nés, il fallait combattre la misère par la charité privée. Nous ne partageons pas cette opinion. Dans l'état actuel des choses, l'argent ne suffirait pas pour obvier à la mortalité des nouveau-nés. Les enfants des riches meurent ou condamnent à mourir ceux de leurs nourrices mercenaires, et ce n'est pas faute d'argent.

Le remède doit sortir des combinaisons suivantes, c'est-à-dire qu'il doit varier avec les conditions sociales, qui ne seront pas égalisées de sitôt : améliorer les principes de l'*élevage;* forcer autant que possible les mères à nourrir elles-mêmes ; diminuer pour la classe ouvrière les frais d'élevage par l'industrie privée et non par l'aumône.

Quant aux enfants abandonnés, la nation, et non la charité privée qui sera toujours le point de départ de toutes les fausses positions, leur doit la subsistance dans les meilleures conditions possibles. La moitié de ces enfants meurent dans la première année ; la moitié des survivants sont plus tard infirmes ou maladifs ; les demeurants comptent des vagabonds et des mauvais sujets, tandis qu'on pourrait faire de tous des citoyens utiles.

Ces questions, ne l'oublions pas, ont un intérêt immense ; elles touchent non-seulement à l'économie sociale, dont nous n'avons pas à nous occuper, mais à l'hygiène sociale, malheureusement trop négligée jusqu'ici. Le développement des trois propositions suivantes a pour but de concourir à la solution de ce problème difficile.

DES

MOYENS PRATIQUES D'OBVIER

A LA

MORTALITÉ DES ENFANTS

NOUVEAU-NÉS

I

Première proposition. — *L'enfant nouveau-né doit toujours puiser sa nourriture dans l'allaitement.* — *La principale source des troubles digestifs qui amènent la mort d'un si grand nombre d'enfants et préparent la mauvaise constitution doit être cherchée dans l'alimentation prématurée.*

Avant de développer cette première proposition, d'après les résultats fournis par l'anatomie, la physiologie et la pathologie expérimentale, nous devons répondre à une objection. Vous prêchez à des convertis, nous dira-t-on ; tout le monde blâme l'alimentation prématurée. S'il en est ainsi, tout le monde ne comprend pas de la même manière la valeur de cette expression. On alimente prématurément toutes les fois qu'avant l'éruption complète des *huit premières dents* on fait absorber toute autre substance alimentaire que du lait non *mélangé,* non bouilli et d'une richesse caséeuse proportionnée à l'âge du nouveau-né. Comment se fait-il alors que l'on trouve dans les livres classiques, où les élèves puisent leur instruction sur l'éducation physique des nouveau-nés, le conseil de donner des bouillies, des panades, des émulsions d'œufs, etc., à des enfants de quatre mois?

Comment se fait-il que des hommes éminents qui, dans l'esprit public, passent pour tenir le gouvernail de la science en pareille matière, conseillent l'usage des bouillons et du suc de *viande crue* dès les premiers mois de la naissance? Puisqu'il en est ainsi, cette croisade contre l'alimentation prématurée a son opportunité ; cependant je serai bref sur les faits généralement acceptés.

On sait qu'à la naissance, la plupart des appareils du nouveau-né sont encore à l'état d'évolution. Deux de ces appareils seulement sont assez développés pour entrer en fonctions, comme à un âge plus avancé : tels sont l'appareil respiratoire et l'appareil complexe qui constitue le tégument externe. Les poumons et la peau sont munis de tous leurs éléments constituants, assez développés pour entrer en fonctions régulières de suite après la naissance.

Il n'en est pas de même des autres appareils, même de l'appareil digestif, qui seul nous intéresse en ce moment. Plusieurs de ses parties constituantes ne sont bien développées que longtemps après la naissance.

Si nous examinons la bouche du nouveau-né, nous constatons qu'elle ne peut exercer convenablement ni la préhension, ni la mastication. La langue, quoique bien développée, n'exécute avec précision que des mouvements de *succion*.

La mâchoire inférieure, encore peu résistante, se meut sans énergie. En effet, l'angle très-ouvert que ses branches forment avec le corps de l'os, présente aux muscles qui seront plus tard masticateurs, une insertion très-oblique. Cette condition suffirait pour neutraliser une partie de leur action, si déjà la faiblesse de leurs fibres contractiles ne rendait pas leurs contractions inefficaces. Les muscles buccinateurs ont seuls assez de force pour remplir une fonction, et l'acte buccal de l'enfant nouveau-né est accompli par le concours de la langue et de ces derniers muscles.

Si nous joignons à ces faits l'absence de dents, l'état rudimentaire des véritables glandes salivaires, nous aurons la preuve *anatomique* que le nouveau-né n'est pas encore organisé pour mâcher des aliments et rouler dans la bouche un bol alimentaire quelconque. Aussi, lorsqu'on impose l'alimentation prématurée à ces petits êtres, c'est mécaniquement que l'on fait arriver les aliments à l'isthme du gosier, comme si l'on avait affaire à une paralysie *glosso-labiale*. Par cette disposition, on dirait que cette nature, si souvent attaquée par certains esprits qui n'ont jamais compris la filiation de ses lois parce qu'ils ont mal observé, a voulu mettre obstacle à tout autre mode d'alimentation que celle qui s'effectue par succion.

Les animaux respectent cette situation du premier âge. Les carnivores surtout éloignent tout aliment de la portée de leurs petits avant l'évolution suffisante des dents : ce n'est que lorsque les mamelles sont mordillées par les dents du jeune animal, que les chiennes et les louves abandonnent des aliments à côté de leurs petits, assez forts pour partager sans danger l'alimentation des parents.

Les Arabes, qui ont reçu de Mahomet la prescription d'allaiter au sein pendant deux années révolues (1), n'offrent pas de nourriture au nourrisson; ils attendent qu'il vienne lui-même participer au repas de la famille, ce qu'il ne fait à coup sûr qu'au moment où il commence à exécuter des mouvements avec quelque précision. C'est l'imitation pure et simple de la nature, le petit animal se dirigeant vers ses aliments. Aussi, comparez cette race à la nôtre, et si vous tenez compte de toutes les causes de destruction qu'une civilisation imprévoyante mêle à la destinée de ces peuplades, vous serez forcés d'admettre que c'est chez nous qu'il faut chercher la dégénérescence de l'homme, bien que la durée moyenne de la vie soit à notre avantage (2).

Dans l'élevage des nouveau-nés nous ne tenons aucun compte de ces enseignements, nous nous obstinons à imposer l'alimentation prématurée avant que le système buccal soit assez développé pour que la préhension, la mastication et l'insalivation puissent régulièrement s'accomplir. Nous avons tous assisté à cette étrange lutte de la nourrice au petit pot, imposant de la bouillie, des panades, etc., à la bouche rebelle du nourrisson. A force de reprendre et de refouler avec une cuiller, ces aliments tombent sous le domaine des actions réflexes, et sont avalés indépendamment de la volonté.

On croit avoir fait une chose utile en forçant ce petit être à faire de la mastication et de la déglutition malgré lui, on n'a commis qu'une violence irréfléchie. Nous, médecins, nous voyons tout cela sans nous révolter, parce que ce triste spectacle s'est toujours passé sous nos yeux, et que, pour la plupart, nous avons subi le même supplice. Nous savons que pendant les premiers mois de la vie, l'enfant n'a pas assez de salive pour faire subir aux féculents la catalyse glucosique; mais nous n'y songeons plus dans la pratique, et nous

---

(1) Voir Coran, t. I, c. 2, v. 32, p. 4o.
(2) Je tiens ces renseignements de mon ami L. Teilhard de Laterrisse, que des fonctions administratives tiennent depuis huit ans en contact avec les tribus arabes, dont il a parfaitement étudié les mœurs et les coutumes.

laissons administrer sans trop de récriminations un aliment indigeste, dont nous signalerons bientôt les inconvénients.

On peut le demander aux détracteurs de la nature, si c'est là pour eux un des triomphes de l'initiative de l'homme sur l'instinct, l'exemple paraît mal choisi.

Si de la cavité buccale nous passons à l'estomac et aux intestins, nous trouvons encore là une démonstration anatomique, établissant que le nouveau-né n'est pas apte à digérer certains aliments trop communément imposés par les nourrices. Ces organes, à l'état d'ébauche pour ainsi dire au moment de la naissance, ne paraissent pouvoir absorber sans danger que des principes préparés à l'absorption par un travail préalable auquel l'enfant est presque complétement étranger.

L'estomac est très-petit, sans forme bien arrêtée. Sa membrane muqueuse est mince, lisse. Les replis et les glandes qui la rendront apte à remplir plus tard certains actes digestifs sont encore à l'état tout à fait rudimentaire, surtout les glandes à suc gastrique, qui ne contiennent, à cette époque, qu'un petit nombre de cellules, dites à *pepsine*.

Ces cellules, chez l'adulte, et même chez l'enfant pourvu de ses dents de lait, sont volumineuses, arrondies ; elles ont un noyau évident et un contenu granuleux ; elles remplissent les glandes. Chez le nouveau-né, ces glandes sont presque vides.

La membrane musculeuse ne présente que des fibres contractiles pâles et peu développées. Cette membrane est mince, transparente et incapable d'agir efficacement, par ses contractions, sur le contenu de ce viscère. Aussi, lorsqu'il se fait un caillot de lait dans l'estomac, cette masse ne peut être convenablement roulée sur les parois gastriques pour subir l'action dissolvante de sucs encore peu abondants ; d'où l'indigestion, le rejet par vomissement ou la lienterie.

Nous trouvons les mêmes conditions anatomiques à signaler du côté des intestins. Partout nous constatons la faiblesse des membranes contractiles et l'évolution incomplète des organes sécréteurs.

A défaut d'expérimentation, l'examen attentif de l'appareil digestif permettrait de pressentir le travail physiologique. On pourrait affirmer déjà, d'après l'état anatomique, que l'enfant nouveau-né est incapable de faire subir convenablement aux aliments ordinaires les métamorphoses si complexes de la digestion. Le travail physiologique est ici parfaitement éclairé par la disposition anatomique de tout l'appareil digestif.

La naissance, en effet, n'émancipe pas le nouvel être. Il continue à vivre en quelque sorte par l'intermédiaire de la mère, tant que l'évolution de ses organes d'assimilation indépendante est inachevée; seulement, après la naissance, au lieu de donner du sang tout préparé par le cordon ombilical, la mère fournit au nouveau-né un liquide nutritif élaboré spécialement par les glandes mammaires.

Ce liquide, d'une composition variable, toujours en rapport avec l'âge de l'enfant, arrive dans sa frêle économie en passant par le tube digestif, dont le rôle est pour ainsi dire limité, durant les premiers jours, à un simple phénomène d'absorption.

Le premier lait sécrété par les mamelles n'est qu'une émulsion naturelle, essentiellement composée de matières grasses, sucrées, et de sels minéraux qui font partie constituante de l'organisme. Cette émulsion n'exige pour ainsi dire qu'une ébauche de digestion pour être absorbée. Elle diffère totalement, quoi qu'on en dise, des émulsions artificielles préparées avec du jaune d'œuf additionné des principes correspondants que l'analyse chimique a permis de découvrir dans le lait.

Ces préparations artificielles diffèrent autant du *colostrum*, au point de vue de l'effet utile, que l'engrais artificiel diffère de l'engrais naturel. Pulvérisez une roche calcaire et mêlez la poudre à une terre ingrate, vous n'obtiendrez un effet fertilisant qu'au moyen de doses relativement considérables, si vous le comparez à l'effet produit par un engrais naturel, ou même aux principes fertilisants retirés de la mousse ou de toute autre plante qui a déjà végété sur la même roche.

Cela revient à dire que tout ce qui a passé par la vie rentre facilement dans l'organisation. Les sels puisés dans les végétaux sont mieux absorbés que ceux que nous obtenons par des combinaisons de laboratoire. Un verre d'eau ferrugineuse *minéralisée* par la nature fournit à l'organisme plus de fer assimilable qu'une dose beaucoup plus considérable de ce même métal préparé dans une officine. C'est là le secret des résultats obtenus dans les stations minérales, ces officines des maladies chroniques.

Ces faits sont incontestables; ils sont basés sur l'observation et démontrés exacts par l'analyse chimique. Aussi, les affirmations contraires, de quelque hauteur qu'elles nous tombent, ne changeront pas nos convictions, et nous sommes sûr d'avoir avec nous tous les vrais observateurs.

Pour en revenir au colostrum, qui, à une certaine époque, avait inspiré tant de dégoût à quelques physiologistes de cabinet qu'ils croyaient devoir en priver le nouveau-né, nous le croyons presque indispensable, non pas parce qu'il purge l'enfant, comme on l'affirme encore dans certains ouvrages, mais parce qu'il est un chyle fourni par la mère. Généralement le *méconium* est expulsé quand le *colostrum* est ingéré en quantité suffisante. Le lait non coupé et les divers aliments liquides que l'on fait ingérer purgent bien autrement que le colostrum par les indigestions qu'ils provoquent. Aussi, nous tenons essentiellement à ce que l'enfant absorbe le colostrum, moins comme purgatif que comme aliment plastique et de calorification; peut-être même n'est-il pas sans utilité d'en débarrasser la mère, comme nous le dirons bientôt.

Beaucoup d'animaux non mammifères suppléent à cette première indication de l'allaitement en avalant d'abord eux-mêmes les aliments destinés à leurs petits; puis ils régurgitent ces aliments après un commencement de digestion ou dès qu'ils sont fortement imprégnés de sucs digestifs. Cette sollicitude permet au jeune animal de digérer les aliments ordinaires avant le développement complet des organes qui concourent à une bonne digestion.

L'homme a su, par l'observation, découvrir toutes ces intéressantes particularités des mœurs des animaux, et cependant il transgresse à chaque instant ces lois de la nature dès qu'il s'agit de l'éducation physique des enfants nouveau-nés. Il sait que pour conserver et perfectionner les races domestiques il est indispensable d'allaiter longtemps les jeunes animaux; qu'il est dangereux de leur donner prématurément l'alimentation ordinaire des parents. Il sait qu'un jeune veau, par exemple, fût-il né d'une race inférieure, prend une partie des qualités d'une race choisie lorsqu'on exagère l'abondance et la durée de l'allaitement. Il sait encore que la descendance d'une race perfectionnée dégénère d'un *seul trait* par le fait de l'alimentation prématurée ou de l'allaitement insuffisant. Malgré ces convictions, fondées sur l'observation zootechnique, l'homme ne réfléchit pas et s'obstine, tant la routine a de l'influence sur ses actions, à élever l'enfant à l'inverse de l'animal; il semble croire qu'il peut, dès les premiers mois, donner au nouveau-né les aliments dont il se nourrit lui-même.

Avons-nous besoin de citer des faits pour prouver les inconvénients de l'alimentation prématurée, associée ou non à l'allaitement? Tous les médecins de Paris ne savent-ils pas dans quel triste état la plupart des enfants échappés à l'affreuse mortalité que l'on connaît reviennent chez leurs parents, même ceux dont ils avaient constaté les bonnes conditions de *venue* à leur départ chez la nourrice, cette désolante conscription du premier âge, comme l'a dit Boys-de-Loury ?

Lorsqu'on peut remonter aux informations directes, on apprend *toujours* que ces malheureux enfants, qui sont rendus aux parents avec *le gros ventre*, une dentition en retard, qui sont en proie à une fièvre chronique plus ou moins rémittente, ont été alimentés, dès les premiers mois de la vie, parfois dès les premiers jours, et que *très-rarement* ils ont été concurremment allaités au sein, malgré les plus belles promesses des bureaux et les meilleures nouvelles des *meneuses*, ces complices de cette meurtrière industrie. On arrive toujours enfin à constater l'insuffisance de l'allaitement au sein et la mauvaise application de l'allaitement artificiel.

Toutes ces observations sont les mêmes dans les cas les plus simples, preuve qu'elles sont liées par un vice commun. Je ne parle pas de ces enfants cachectiques qui ne reviennent que pour mourir. Ceux-là ont souffert plus que la faim : ils ont enduré le froid et tous les mauvais traitements.

La preuve que ces enfants souffrent de la misère chez leur nourrice et qu'on ne saurait accuser la faiblesse originelle (1), comme on l'affirme à tort et à travers, sans faits démonstratifs et en présence de faits contradictoires, c'est que l'on parvient à refaire assez géné-

---

(1) Il est impossible d'admettre que l'homme naisse *plus mortel* que les autres animaux. Je veux bien partager l'opinion de Pline le Naturaliste au sujet de la faiblesse native de l'enfant et de la lenteur de son développement ; mais ces conditions d'inactivité musculaire et de *nudité* ne sont pas une cause directe de mort.

Cette faiblesse n'est relative qu'à la locomotion, car l'enfant qui vient de naître offre une résistance plus grande, toute chose égale d'ailleurs, que la très-grande majorité des jeunes animaux, comme le prouvent de nombreuses observations dans les annales des infanticides.

L'animal libre doit sa conservation et sa bonne constitution invariable à l'exacte observance des lois naturelles.

Lorsque l'homme les rend captifs, lorsqu'il intervient pour contrarier ces lois, les animaux subissent le même sort que lui ; la mortalité de leur progéniture augmente, leur constitution s'affaiblit, comme on peut le constater chaque jour chez les éleveurs inintelligents, ou à propos des animaux tenus en captivité ou encore non acclimatés. Dans ces cas, les parents, privés de leurs moyens naturels, ne peuvent remplir les indications que leur suggère l'instinct.

Ces faits sont tellement vulgaires en zootechnie qu'il suffit de les citer à l'usage de ceux qu'un excès de civilisation a toujours tenus loin des merveilleux phénomènes de la nature, circonstance qui obscurcit parfois leur jugement quand il s'agit d'apprécier les questions les plus élémentaires de la biologie.

ralement ces chétives constitutions par ce que j'appelle *l'allaitement rétrospectif*.

Il m'arrive plusieurs fois par mois d'assister à ces pitoyables retours de nourrice ; je m'empresse, en pareil cas, de mettre ces enfants au régime lacté *absolu*, *lait de la même vache*, tiède et non bouilli, donné à discrétion jusqu'à l'évolution complète des huit premières dents. Après quinze jours de ce régime, l'enfant a déjà *profité*, et quelques mois suffisent pour que le *gros ventre* disparaisse et que la dentition en retard s'effectue ; mais il reste toujours une mauvaise impulsion, et l'on peut affirmer que les enfants qui ont ainsi souffert, durant *toute la première année* au moins, seront frappés d'une faiblesse de constitution pour le reste de leur existence. C'est là le mécanisme de la détérioration progressive des générations des grandes villes, comme nous le démontrerons ailleurs.

En présence de ces faits, qui se répètent avec une désespérante uniformité depuis des siècles, antérieurement aux ordonnances du roi Jean (1450), mettez en vigueur tous les règlements qui se sont succédé, multipliez les rouages administratifs jusqu'à la cinquième puissance, et vous ne changerez rien ou presque rien à cet état de choses. Aussi toutes les discussions théoriques me paraissent inutiles. Les auteurs des meilleurs discours sont à côté du mal ; une action réflexe les trompe ; ils n'entrevoient pas la pathogénie de cette affreuse calamité publique.

Si nous sortons des faits relatifs à l'anatomie et à la physiologie, il nous suffira, pour appuyer notre thèse sur des faits fournis par la pathologie expérimentale, de relater les expériences suivantes, presque sans commentaires.

En 1867, dans le but d'étudier l'influence de l'alimentation prématurée sur les jeunes mammifères, nous avons répété, mais dans un autre ordre d'idées, les expériences de M. J. Guérin.

Une chienne nourrissait quatre petits. Après dix jours d'allaitement, nous avons éloigné trois de ces jeunes chiens de la mamelle. Ils ont été nourris avec du lait de vache pris chez une crémière, c'est-à-dire avec du lait mélangé et probablement bouilli (c'était au mois de juillet).

Nous avons eu soin de délayer dans ce lait de la farine cuite. Ces jeunes chiens, placés dans de bonnes conditions hygiéniques, buvaient ce mélange selon leur appétit. Cependant, dès le second jour de l'expérience, ils avaient la fièvre. Les yeux déjà ouverts avaient perdu leur limpidité, ils étaient chassieux. Le poil était moins lisse, et des cris incessants trahissaient un état de souffrance, probablement des coliques intestinales. L'un de ces animaux fut sacrifié ce même jour. Il présentait déjà une rougeur assez vive de la muqueuse gastro-intestinale (menace de gastro-entérite), et une tuméfaction non douteuse des ganglions mésentériques. De plus, le sang renfermait un excès de matières dites extractives (17 p. 1000, au lieu de 8.66 chez un chien nourri par la mère. Voir : *Note sur les matières extractives*, Société de biologie, 1867), comme on l'observe dans tous les cas de fièvre, et comme nous (supposons devoir exister, d'après ces expériences, à la suite de toute mauvaise digestion avec fièvre (véritable fièvre gastrique ou de digestion imparfaite). Ces mêmes faits nous mettent sur la voie de la pathogénie de l'adénopathie mésentérique chez les enfants prématurément nourris ou mal allaités.

Après trois jours de cette misère physiologique, l'un de ces chiens fut rendu aux soins de la mère, et il ne fallut pas moins d'une dizaine de jours pour effacer les traces de cet écart de régime, encore cet animal resta-t-il quelque temps en *retard* sur son frère, qui n'avait pas cessé d'être allaité. Il est bon de remarquer que cet animal avait subi un commencement d'allaitement, qu'il avait absorbé le *colostrum*; qu'après dix jours d'allaitement, il représentait un enfant de plus d'un mois sous le rapport des aptitudes digestives; il était apte, en effet, à digérer parfaitement un lait déjà caséeux. Aussi, il est certain, d'après de nouvelles expériences que nous poursuivons en ce moment, que si nous avions fait usage du lait de la même vache, non bouilli, sans mélange de fécule, les accidents que nous avons constatés ne se seraient pas produits.

Que l'on juge maintenant ce que doivent fatalement souffrir les nouveau-nés qui ne prennent nullement le sein, qui sont nourris de suite avec un lait sur lequel nous reviendrons, et qui parcourent une série d'étapes dont le moindre inconvénient est de les refroidir au delà de toute expression, en hiver surtout. Ceux de ces nouveau-nés qui résistent, et c'est la minorité pour les enfants abandonnés, deviennent ce qu'est devenu notre troisième chien séquestré.

Ce troisième chien fut nourri avec le même lait mélangé et de la bouillie pendant un mois encore. Il nous a présenté la série des accidents que voici : le *gros ventre*, le gonflement des jointures, l'amaigrissement général, tout l'aspect si déplorable, en un mot, de la très-grande majorité des enfants au retour de chez la nourrice.

Cette expérience ne laisse pour nous aucun doute sur la manière dont sont élevés la plupart des enfants confiés aux nourrices, disséminés dans les départements, et même beaucoup de ceux qui sont élevés par leur propre mère, quand on leur fait subir, et il en est trop souvent ainsi, ce système invétéré d'élevage qui consiste dans l'alimentation prématurée ou *l'allaitement mal conduit*, ce qui revient au même.

Nous ne pouvons insister davantage sur cette proposition, cela doit suffire ; passons à la seconde.

II

2e Proposition. — *L'allaitement maternel ou par la femme nourrice doit être incontestablement préféré à l'allaitement par le biberon; mais l'allaitement au sein, dans l'état actuel des choses, est impossible ou insuffisant pour les deux tiers des nouveau-nés des grands centres de population.*

La conclusion à tirer des faits exposés dans la première proposition est la nécessité absolue de l'allaitement et l'exclusion complète de l'alimentation prématurée.

Le lait destiné à l'élevage des nouveau-nés provient de la femme ou d'un animal domestique. Nous trouvons ainsi quatre variétés d'allaitement : l'allaitement maternel, l'allaitement par la nourrice salariée, l'allaitement *direct* par l'animal, habituellement la chèvre, et l'allaitement au biberon.

Je pense avec M. Desormeaux que les termes d'allaitement artificiel et d'allaitement mixte sont impropres. Dans ce cas, en effet, on alimente autant qu'on allaite ; il convient dès lors de se servir de l'expression plus exacte de *nourriture artificielle*.

L'expression d'allaitement artificiel serait tout au plus justifiée si l'on faisait usage d'un lait composé par synthèse comme le lait de Liebig. Ces divers modes d'alimentation, encore une fois, doivent être abandonnés, les exemples de succès qu'on nous cite ne sauraient être que des exceptions.

Personne ne conteste pour l'enfant les avantages de l'allaitement maternel. En insistant sur un pareil sujet, je ne pourrais que répéter ce que l'on a déjà dit.

Le docteur Brochard a très-heureusement traité cette question dans son travail sur l'*Allaitement maternel aux points de vue de la mère, de l'enfant et de la société.*

L'observation prouve chaque jour que le lait de la mère a des avantages incontestables sur le lait même d'une bonne nourrice. Est-ce parce que le lait maternel se trouve graduellement proportionné avec les aptitudes digestives du nouveau-né, est-ce en raison de propriétés latentes qui font que l'enfant s'assimile plus facilement le lait maternel que le lait d'une nourrice étrangère ? Il est difficile de répondre péremptoirement à ces questions ; cependant la première paraît la plus probable, elle explique suffisamment les différences de développement que l'on constate entre l'enfant de la nourrice et le nourrisson étranger. Dès que le lait n'est plus en rapport de composition avec l'âge de l'enfant, et il en est toujours ainsi, ne cessons pas de l'affirmer, car jamais le nouveau-né ne prend le premier lait de la nourrice étrangère, il n'est pas possible que quelques désordres digestifs ne soient la conséquence de cette situation. Ajoutons encore que le lait de la nourrice sur *lieu* est loin d'avoir toujours les avantages du lait maternel pour des raisons faciles à comprendre. Indépendamment du changement d'habitude et de régime, cette nourrice éloignée de tous ceux qu'elle aime manque de ce calme d'esprit qui fait le bon lait : ses ennuis cachés, que l'on conçoit très-bien, sont plus d'une fois la cause première des indispositions et des maladies du nouveau-né. Or, les troubles digestifs qui sont provoqués dès les premiers jours de l'allaitement peuvent persister en se répétant et devenir le point de départ d'une mauvaise constitution. Voilà pourquoi les nourrices qui présentent si souvent de beaux nourrissons dont la belle santé détermine les parents à les choisir et fait accepter leurs prétentions, ne parviennent cependant qu'à faire un mauvais *élevage* ; elles nourrissent un enfant débile, scrofuleux : on ne manque pas d'attribuer cette faiblesse véritablement acquise à l'influence des parents, tandis que dans *la très-grande généralité* des cas, l'éducation physique des premiers jours doit seule être mise en cause. Je ne crains pas d'affirmer que la faiblesse de la constitution, en dehors des maladies véritablement congénitales, dont l'étiologie incombe en réalité aux générateurs, procède d'un vice hygiénique de l'ordre des *ingesta* ou des *circumfusa*, d'un lait qui ne convient pas ou d'un abaissement répété de la température.

Si l'allaitement maternel, et à son défaut l'allaitement par la nourrice, ne comptent que des partisans au point de vue du nourrisson qui a toujours avantage à être nourri au sein, les opinions paraissent encore partagées relativement à la mère. C'est cette partie de la question que je désire principalement examiner.

Pour exonérer la mère du devoir d'allaiter, on invoque souvent sa faiblesse constitutionnelle; on se contente d'affirmer, sans tentative, que les femmes du monde qui vivent dans une nonchalance absolue ne sauraient donner de bon lait en quantité suffisante, comme si les fonctions des glandes mammaires avaient quelques rapports avec l'embonpoint et la musculature, comme si la nonchalance, le défaut d'énergie, étaient des équivalents de la faiblesse réelle.

Du reste, l'observation a parlé et parlé bien haut à cet égard. On l'a dit depuis longtemps, et je pourrais rapporter un nombre respectable d'observations à l'appui, la gestation, et par suite l'allaitement, augmentent l'activité des fonctions digestives. Ces deux situations constituent précisément deux états physiologiques connexes qui réveillent l'énergie des échanges nutritifs dans les organismes débilités par une mauvaise hygiène, par la misère physiologique des riches, selon l'expression parfaitement exacte de M. Bouchardat. Aussi je partage l'opinion de ceux qui croient qu'il est peu de mères, parmi celles qu'ont le plus détériorées le défaut d'activité physique et l'influence du triste milieu dans lequel vit la richesse oisive, qui ne puissent allaiter quelques semaines ou quelques mois (1). Or, nous n'en demandons pas davantage pour arrêter la dégénérescence de la race. Pendant cet essai, la mère s'aperçoit que sa santé s'améliore sous l'influence d'un meilleur appétit et de digestions plus faciles. De plus, elle trouve bientôt, dans l'accomplissement du plus sacré de tous les devoirs de la mère de famille, un bonheur secret dont elle n'avait jamais eu que le vague pressentiment.

Cette première situation conduit à deux résultats également heureux. Dans le cas le plus favorable, et c'est ainsi que les choses se

---

(1) Ce qui épuise, c'est la lactation trop prolongée. Beaucoup de femmes ne peuvent sécréter de lait au delà d'un certain temps sans perdre le bénéfice de l'allaitement. Ce sont en effet les femmes oisives, celles dont il est ici question, qui sont aptes à nourrir le moins longtemps. On dirait que les réserves galactogènes sont moins abondantes, et qu'après un temps très-variable, du reste, pendant lequel leur santé s'est affermie, elles font de l'autophagie et emploient quelques-uns de leurs principes constituants à faire du lait, au lieu de n'employer que les aliments. Il importe donc de surveiller ces mères et de faire cesser l'allaitement dès qu'elles perdent manifestement de leur poids et qu'elles accusent un mouvement fébrile intermittent.

passent habituellement, la mère satisfaite, continue d'allaiter, parce que l'amour maternel s'est éveillé, et aussi parce qu'elle constate que le niveau de sa santé s'élève, contrairement aux affirmations qu'on articulait autour d'elle.

Lorsque l'allaitement est bien dirigé, l'enfant nourri par la mère est exceptionnellement vigoureux au milieu d'une famille en pleine décadence physique, et c'est là un encouragement auquel, il faut joindre la satisfaction de pouvoir se passer d'une nourrice étrangère et d'épargner à un enfant de la classe ouvrière les inconvénients d'un sevrage prématuré.

Lorsque l'allaitement maternel ne peut être continué longtemps, par l'insuffisance de lait ou pour tout autre motif, il nous a toujours semblé que la mère bénéficiait de cette lactation, fût-elle de courte durée. Quant au nouveau-né, les avantages qu'il en retire sont immenses, et rien ne peut les compenser. Les voies d'absorption ont reçu, dès le principe, l'aliment qui leur convenait. On peut, à ce moment, donner sans crainte le lait d'une nourrice ou continuer l'élevage au biberon, comme il sera dit plus tard.

Dans le cas contraire, lorsqu'on impose, dès la naissance, un lait de plusieurs mois *sans prendre aucune précaution*, comme on le fait habituellement, ne cessons pas de le répéter, les voies d'absorption et d'élaboration, les ganglions mésentériques surtout et les organes hématopoïétiques sont lésés. Dès lors tout l'édifice organique est compromis; les troubles gastriques deviennent une cause fréquente de mort, et les survivants resteront inférieurs à ce qu'ils pouvaient être. On ne pourra fortifier la constitution de la race que par un meilleur élevage des descendants. Telles sont les conditions qui élèvent le chiffre de la mortalité des enfants nourris au sein et faussent la statistique, parce qu'on ne tient pas un compte suffisant de la différence qui sépare les effets de l'allaitement maternel et de l'allaitement par la nourrice salariée. Contrairement à tout ce que l'on a pu dire, il meurt peu d'enfants durant la première année, lorsqu'ils sont *convenablement allaités* par la mère et soustraits à la désastreuse routine de l'alimentation prématurée.

Ici le rapprochement est parfait entre les procédés de la zootechnie et de la puériculture : les descendants de reproducteurs chétifs deviennent des bêtes de choix quand leur premier allaitement est bien conduit.

Dans une série d'expériences, que je répète en ce moment et que je ferai connaître, je rends à volonté les chiens d'une même portée chétifs ou forts, en modifiant l'allaitement; puis, avec des chiennes chétives, j'obtiens des descendants très-vigoureux, en soumettant quelques-uns de leurs petits à l'allaitement maternel, *abondant* et *prolongé*. A voir cette seconde génération, on ne dirait plus que la famille a compté des rachitiques et des scrofuleux parmi ses ascendants. Eh bien, l'espèce humaine est susceptible de la même malléabilité organique; nous produisons par les procédés d'élevage la faiblesse ou la force, et c'est dans ces procédés qu'il faut chercher la véritable cause de la plus ou moins grande mortalité des nouveau-nés.

En résumé, la mère qui nourrit elle-même sa fille prépare celle-ci à pouvoir nourrir à son tour; elle met un frein à l'affaiblissement progressif de la famille. Il faut absolument que les médecins cessent de croire que, durant les premiers mois surtout, une nourrice étrangère puisse remplacer la véritable mère (1). Il faut que les femmes du monde cessent de penser qu'elles peuvent, sans inconvénients sérieux pour *elles-mêmes,* accepter ce partage choquant de la maternité, et supprimer, pour des raisons futiles, une fonction aussi importante que celle qui consiste à débarrasser l'organisme de matériaux accumulés pour la lactation. Ces matériaux, nous allons le voir, se tournent contre leur santé, il faut bien qu'elles le sachent.

Les discours et les sermons ont été impuissants à guérir cette affreuse plaie de notre société française; évoquons, si c'est possible, le spectre de toutes les infirmités qui menacent les femmes qui n'allaitent pas.

---

(1) Dans un long discours lu dernièrement à l'Académie de médecine, nous retrouvons *in extenso* le même plaidoyer en faveur des femmes des *hautes classes,* qui, grâce à l'observance de ces sages conseils, voient leurs descendants tomber de plus en plus au dernier degré de la force physique.

On affirme, dans ce discours, que ces femmes sont dans l'impossibilité d'allaiter ; que les *tentatives de nourrissage* les exposent à des abcès du sein, qu'elles dépérissent; que les enfants meurent d'accidents diarrhéiques, etc. J'observe tout le contraire depuis cinq ans que je lutte contre ce préjugé, mais cela n'empêche pas la routine d'aller son train et de prendre l'exception pour la règle.

Qu'une femme des *hautes classes* ne puisse pas nourrir longtemps, précisément parce qu'elle-même n'a pas été allaitée dès les premiers jours par le sein maternel, je l'admets; qu'elle soit exposée comme toutes les nourrices à des crevasses et à des abcès du sein, je ne vois pas dans ces petits accidents de raisons suffisantes pour l'exonérer du devoir d'allaiter le plus longtemps possible.

Je ne comprends pas que l'honorable confrère puisse dire que « ce ne sont pas les nourrices qui manquent, » quand il est démontré, pour tous ceux qui cherchent à voir par eux-mêmes, que l'immense majorité des en-

Cependant tout le blâme ne doit pas retomber sur la femme, ni sur le médecin qui ne partage pas notre opinion sur les avantages de l'allaitement au point de vue de la mère.

Le mari intervient aussi pour sa part. Souvent plus égoïste que bon père, il trouve commode que son repos ne soit pas troublé par les exigences du nouveau-né. Ignorant les lois de la nature, il se fait une doctrine basée sur une fausse physiologie. Il croit que la mère qui n'allaite pas échappe à la fatigue et raffermit sa santé.

Grave erreur ! Ce prétendu repos expose l'organisme à tous les inconvénients que l'on cherche à éviter.

Le travail physiologique de la gestation ne comprend pas seulement l'évolution de l'œuf et l'hypertrophie de l'utérus, il s'opère en même temps des modifications dans les phénomènes nutritifs de tout l'organisme de la mère. Ces modifications consistent surtout dans des changements de la crase du sang et l'accumulation dans les organes de matériaux nécessaires à l'accomplissement d'une fonction temporaire, la lactation.

Ces matériaux, que j'appelle *galactogènes*, existent en réalité, et la sécrétion laiteuse peut durer tant qu'ils se trouvent dnas l'organisme. Une fois ces principes épuisés, la stimulation mammaire est impuissante à provoquer une sécrétion laiteuse quelque peu abondante. Une nouvelle conception devient nécessaire pour rétablir la lactation. Or il est incontestable que la présence de principes transitoires

---

fants envoyés chez ces prétendues nourrices ne têtent pas ou têtent d'une manière insuffisante.

Je ne partage pas non plus l'opinion de l'honorable membre de l'Académie, quand il pense que le médecin ne doit pas s'arrêter « au plaisir philanthropique d'épargner le biberon à l'enfant de la nourrice, » dans la crainte d'être éconduit par la *haute classe !* Je m'élèverais même beaucoup contre ce conseil, si j'avais pour le biberon la même aversion que notre confrère. Je reviendrai ailleurs sur cette question, et je démontrerai que le biberon est un excellent instrument quand on sait l'employer en temps opportun et le remplir d'un aliment convenable. Mais il ne s'agit pas du biberon en ce moment, il s'agit de mettre le nouveau-né des *hautes classes* à même de pouvoir profiter des avantages de l'allaitement mercenaire.

Vous admettez dans votre discours qu'une nourrice qui a déjà élevé son enfant peut sans danger allaiter un enfant qui vient de naître. Je proteste contre cette prétention ; voilà pourquoi je demande que la véritable mère des *hautes classes* allaite *le plus longtemps possible*, dans son intérêt et dans celui de son enfant. Je ne comprends pas que l'on persiste encore dans cette mauvaise voie, quand nous voyons les familles dont il s'agit s'étioler de plus en plus à chaque génération, grâce à ce système d'élevage que vous posez en règle, quand il ne devrait être qu'une pénible exception.

dans nos tissus en modifie la résistance vitale et la nutrition, comme le démontre l'imprégnation par les infectieux, les substances médicamenteuses. Il est également bien démontré que chaque produit morbide ou autre a ses voies spéciales d'élimination régulière. Si les matériaux destinés à faire le *lait* et les principes *galactogènes*, qui concourent ou président à la sécrétion laiteuse, ne sont pas utilisés par les mamelles, ces matières, transformées ou non, quittent l'organisme par d'autres émonctoires. On reconnaît, en effet, à l'odeur butyrique ou caséeuse qui se dégage sous l'influence de la putréfaction, les urines d'une nourrice ou d'une femme nouvellement accouchée. Bien plus, cette réaction d'un nouvel ordre est fortement exagérée quand la nouvelle accouchée n'allaite pas ou que la nourrice cesse d'allaiter. Ces faits justifient à un certain point de vue l'expression de « lait répandu. »

Avant l'accouchement, et même dès les premiers mois de la gestation, les urines des femmes enceintes donnent, soit par l'évaporation au bain-marie, soit par la putréfaction, une odeur caractéristique que j'appelle *amniotique*, parce qu'elle rappelle l'odeur fade *sui generis* que l'eau de l'amnios laisse sur les mains. Ces constatations prouvent que des produits nouveaux se forment dans l'organisme pendant la grossesse. On peut soutenir physiologiquement que la lactation est une sorte de *crise* qui préside à l'involution progressive de cet état transitoire, que non-seulement elle favorise l'élimination régulière de ces produits accumulés et emmagasinés dans les tissus, mais qu'elle hâte l'atrophie de l'utérus par les efforts révulsifs que les fluxions successives provoquent vers les mamelles. Scanzoni l'a dit, et j'ai vérifié le fait plusieurs fois, les femmes qui n'allaitent pas conservent plus longtemps que celles qui nourrissent la matrice volumineuse et *plus lourde* au toucher. On conçoit, dès lors, qu'elles seront plus exposées que les secondes aux déplacements utérins lorsqu'elles quitteront le lit.

Le premier effet de ces altérations est une perturbation continuelle de la circulation de cet organe, et, comme conséquence, la production de sécrétions morbides qui épuisent l'organisme. Les effets plus éloignés de cette pathogénie si facile à suivre des déplacements sont les troubles digestifs, qui font naître l'anémie sans s'opposer à l'envahissement graisseux, à la polysarcie, qui nuit aux formes et augmente le poids du corps, tout en abaissant l'énergie de toutes les fonctions. Aussi voyons-nous la plupart des dames riches, qui renoncent à l'allaitement dans l'espoir ridicule de conserver plus longtemps leurs avantages physiques, obtenir le résultat opposé, c'est-à-dire grossir outre mesure et perdre, jeunes encore, l'élégance et l'harmonie des formes.

Parfois la nutrition suit une marche toute différente. La graisse disparaît progressivement des tissus, au lieu de s'y accumuler; l'absorption intestinale se ralentit, et ces malheureuses mères, qui s'abstiennent d'allaiter pour fuir l'épuisement, deviennent, par le fait de cette abstention, maigres, anguleuses; leur système nerveux s'exalte, et l'on trouve en peu de temps, à la place de la mère, un être chétif et désagréable, dont on persiste à faire le type de la femme élégante !

Rien n'est plus difficile à équilibrer que les actes nutritifs modifiés par la suppression d'une fonction physiologique; la suppression de la lactation peut compromettre indéfiniment la santé. Des observateurs compétents se demandent si cette infraction aux lois de la nature ne joue pas un rôle important dans l'étiologie des maladies organiques chez la femme.

A quelque point de vue que l'on se place, on peut dire, sans crainte d'être démenti par les observateurs sérieux, que l'allaitement est en général favorable à la mère. Il est toujours possible de conjurer les accidents dès qu'ils menacent de se produire, comme nous le dirons bientôt. Dans les cas où la nourrice satisfait à tous les intérêts de l'enfant, la mère seule se prépare des troubles nutritifs qui auront tôt ou tard un retentissement fâcheux sur son organisme. Plus je compare les dames qui ont allaité et celles qui ont cru devoir gratuitement se dispenser de nourrir, plus je m'affermis dans cette conviction, que la santé des premières est incomparablement meilleure. Les praticiens qui voudront bien faire un appel à leurs souvenirs seront convaincus, par l'étude de leur propre statistique, que les femmes qui n'ont pas allaité, sont plus généralement que celles qui ont allaité, soumises à des indispositions continuelles, et que le conseil si souvent donné de ne pas nourrir est une véritable fausse route de la science.

Les circonstances qui nous paraissent pouvoir relever la mère de l'obligation d'allaiter, lorsque cela ne dépend que de sa volonté, doivent, selon nous, se réduire à peu près aux cas de lésions diathésiques confirmées. Alors l'allaitement par une nourrice ou l'allaitement animal sera conseillé dès le principe, dans *l'intérêt probable mais non démontré* du nouveau-né, car l'expérience, contrairement à une opinion généralement admise, prouve qu'un commencement de lactation est encore, dans ces cas, une fonction favorable à la mère, attendu qu'elle retarde la terminaison fatale ! Je pourrais citer un assez grand nombre d'observations qui ne laissent aucun doute sur ce fait, affirmé du reste par un grand nombre d'auteurs à propos de la phthisie. En ajoutant à ces exemples ceux, assez rares du reste, où la mère est empêchée de nourrir par suite d'un vice de conformation du mamelon (1), ou de la *faiblesse native* de l'enfant, (2) qui ne peut exercer la succion, comme nous l'avons particulièrement observé dans le cas d'accouchement prématuré, on peut établir en principe que dans l'espèce humaine, comme chez tous les mammifères, la mère doit allaiter sa progéniture.

Cette première partie de cette seconde proposition s'impose d'elle-même à l'observation la moins attentive, comme tous les faits naturels. On a peine à comprendre comment les médecins, je ne parle pas des sages-femmes, souvent insuffisamment instruites sur ces questions de biologie, s'obstinent à faire deux classes de mères, et cherchent à éloigner de l'allaitement précisément les femmes qui ont le plus besoin d'allaiter et le plus de loisir pour s'occuper de leur nourrisson. Faudra-t-il donc que l'opinion publique s'en mêle,

---

(1) Le *retrait* du mamelon est surtout incoercible chez les femmes qui ont négligé d'allaiter à leur premier accouchement. Par suite de ce travail fluxionnaire qui persiste si longtemps sans interruption chez ces femmes dont les glandes mammaires restent continuellement gorgées de lait, le mamelon subit des modifications de structure qui s'opposeront à ce que le *bout se fasse* au prochain accouchement. Cette même situation favorise le développement des crevasses et consécutivement des abcès de sein. Aussi ces accidents sont assurément plus rares chez les primipares, surtout lorsqu'on a soin de *faire les bouts* un peu avant ou de suite après l'accouchement, avant la turgescence des mamelles.

(2) La *faiblesse native*, si souvent invoquée pour justifier l'excessive mortalité des nouveau-nés de Paris, est un fait rare, au contraire. Demandez aux sages-femmes qui sont chargées du service des bureaux de bienfaisance si les enfants des ouvriers malheureux naissent chétifs, même lorsque la mère a vécu au milieu des privations ! On dirait que l'organisme de la mère a été sacrifié au profit du fœtus. Ce n'est qu'exceptionnellement que les mères mal nourries mettent au monde des enfants *peu viables*.

Je crois être dans la moyenne en déclarant que ce fait n'est peut-être pas observé deux fois sur cent. J'ai vu bien souvent des mères vivant dans la plus affreuse misère donner le jour à des enfants exceptionnellement forts. Bien plus, j'ai vu des mères phthisiques, avec des *cavernes dans les deux sommets pendant tout le temps de la gestation*, mettre au monde de beaux enfants, qui, élevés d'après mes indications, ont atteint aujourd'hui l'âge de 3, 4, 5 ans, et peuvent rivaliser de force physique avec les plus beaux produits de nos campagnes, bien que leurs mères aient toutes succombé quelques jours après la délivrance.

Quant aux enfants illégitimes, aux enfants abandonnés, il est inutile de réfuter l'argumentation de M. Chauffard, qui voit dans cette condition

et qu'une certaine honte gronde autour des mères qui s'exonèrent d'un service public? car, après tout, la force collective est la résultante des forces individuelles, et la nation ne doit rien négliger pour avoir à son service le plus d'individus valides. On parle souvent de la résistance plus grande des ouvriers anglais, par exemple, et l'on attribue cette résistance et cette faculté de produire plus de travail dans un temps donné à la ration de viande individuellement plus élevée en Angleterre qu'en France. Je ne conteste pas l'influence de l'alimentation sur *le fond* et *la force* du travailleur; mais je ne crains pas de dire que notre hygiène nationale, incontestablement très-arriérée, n'a vu qu'un côté de la question, et le moins sérieux. Les ouvriers dont vous parlez ont généralement été allaités par la mère; ils se sont fait, dès le principe, une constitution organique vigoureuse, tandis que, chez nous, cette constitution est compromise, dès l'origine, par l'industrie des nourrices ou par l'alimentation prématurée. Quadruplez, si vous le voulez, la ration alimentaire de ces vic-

---

sociale les éléments d'une *faiblesse native*, et par conséquent une cause générale de mortalité. Jamais assertion ne fut moins exacte. Si vous voulez vous en convaincre, assistez pendant un mois à la naissance de ces enfants dans la salle d'accouchement et chez les sages-femmes. Vous verrez, au contraire, que les romanciers ont raison, et que ces enfants naissent dans des conditions exceptionnelles *de beauté*, mais que deux ou trois jours suffisent pour que le dépérissement soit complet, parce que ces enfants, repoussés par la mère, ne reçoivent pas des soins convenables *par ignorance des conditions d'un bon élevage*. Ils se refroidissent, ils sont alimentés avec du lait mélangé, bouilli, non coupé! Aucune inspiration scientifique ne préside à ce premier allaitement; aussi ces malheureux sont inanitiés *dès les premières heures* par les *racines* de leur petit organisme à peine ébauché. Que voulez-vous qu'ils deviennent ensuite? Ils ne peuvent que mourir, ou traîner un peu plus loin, aux Enfants-Assistés, ou chez les prétendues nourrices qui n'allaitent pas, leur chétive existence. Placez dans vos salles d'accouchement, au lieu de femmes, des animaux domestiques les plus familiers, et si vous donnez aux jeunes animaux les mêmes soins qu'à ces nouveau-nés, vous en perdrez plus de 80 pour 100 dans les premiers jours! Après une pareille expérience, dont je garantis le succès, dites que le petit de l'homme n'est pas le moins mortel des mammifères! Nous le dirons dans un instant pour les enfants assistés, il faut que l'administration change *entièrement son procédé*, il faut qu'elle imite la nature au lieu d'écouter des discours, il faut que le nouveau-né reçoive en venant au monde du lait *vivant*, — peu riche en *caseum*, riche en sucre et en corps gras, — très-étendu d'eau, et que ce jeune être *ne se refroidisse pas*. C'est là le seul problème à résoudre, il peut *l'être sans frais*, et, le résultat pratique non douteux serait la cessation *séance tenante* de plus de la moitié peut-être de la mortalité des enfants qui naissent dans les hôpitaux et qui restent à la charge de l'assistance publique.

times du *nourrissage* salarié dont nous parlons, et vous ne donnerez pas à ces ouvriers intelligents et courageux *la force* et *le fond* des ouvriers anglais et allemands. Je le répète, ce n'est pas une question de race, ce n'est pas une question d'alimentation qu'il faut invoquer quand il s'agit d'apprécier *la force* et *le fond* des ouvriers des différents pays, c'est une question d'allaitement maternel.

L'opinion publique, encore une fois, a le droit et le devoir de se préoccuper de cette situation, puisqu'elle y est intéressée. Or l'opinion est un grand maître; elle a corrigé des abus plus incoercibles que ce simple travers, qui n'a souvent d'autre impulsion que l'ignorance, la mode ou l'imitation. Que les médecins combattent l'ignorance, en copiant les éleveurs intelligents, que l'opinion publique trouve la mode mauvaise et l'imitation du bien succédera, sans transition, à l'imitation du mal.

Malheureusement, la question de l'allaitement maternel ne dépend pas toujours, grâce à notre organisation du travail dans les grandes villes, d'un simple caprice de la mère ou des conseils étrangers. C'est ici que commence la grave question de l'industrie des nourrices, que je propose de remplacer par un allaitement animal bien ordonné, dès que l'allaitement *maternel* ou *par une nourrice* devient absolument impossible pour une raison majeure.

Cette nécessité pour la mère d'abandonner son enfant aux soins salariés d'une inconnue, n'est pas le moindre défaut de notre économie domestique. Il n'est pas de pays civilisé où les charges de la famille pèsent plus lourdement sur la femme ouvrière qu'en France. En Allemagne et en Amérique surtout, le mari pourvoit habituellement, par son travail, aux besoins matériels de la famille. La femme s'occupe presque exclusivement des soins du ménage; elle allaite ses enfants. Aussi dans ces pays, l'industrie des nourrices, qui nous préoccupe à si juste titre à Paris, est tout à fait inconnue.

En France, l'ouvrière est obligée de travailler autant que l'homme pour les besoins de la communauté. Elle trouve généralement un avantage matériel à payer des mois de nourrice, car l'excédant de son salaire vient en aide au ménage, mal entretenu par le mari qui, dans un grand nombre de familles ouvrières, fait de grandes dépenses au dehors, à tel point, qu'il est, pour son intérieur, aussi souvent une charge qu'un soutien ! Si honteuse que soit cette constatation, je ne crains pas de l'exprimer ici, elle donne une haute opportunité au sujet que je traite et au projet que je cherche à faire prévaloir.

Assez de publications flattent l'ouvrier et approuvent indistinctement ses actes pour que l'on puisse se permettre de le rappeler fraternellement à la réalité de sa situation morale. Cependant, ne trouve-t-on pas le point de départ de sa mauvaise conduite, à l'égard de la famille, dans la fausse éducation qu'on lui donne? L'éducation primaire, en France, manque généralement de cette virilité qui caractérise l'éducation populaire en Allemagne et en Amérique, où les liens de la famille sont mieux respectés dans la classe ouvrière. Dans notre pays, quand on instruit l'enfant, on le met constamment en face d'un devoir et d'une peur! Dès que l'homme fait n'accepte plus la peur de l'enfance, il n'entend plus les voix du dehors, et comme on ne lui a pas appris à consulter la voix naturelle de sa conscience, qu'on l a toujours subordonné à une autorité étrangère, il en résulte que l'homme manque de dignité et qu'il n'obéit qu'à des instincts non perfectionnés. Au lieu de faire un appel à la raison, il fait un appel à la force; il garde son indépendance dans le ménage, ne comprend jamais le *dévouement à deux*, et laisse pour ainsi dire à la mère seule toutes les nobles charges de la famille.

La situation faite à beaucoup d'ouvrières, soit par les vices que je viens de signaler, soit par d'autres conditions sociales indépendantes de la volonté des parents, les met dans l'impossibilité de se livrer à l'allaitement maternel, et les force d'avoir recours à une nourrice salariée.

Aucune statistique officielle ne donnant avec exactitude la proportion des mères ouvrières que la nécessité de travailler elles-mêmes oblige à se séparer de leurs enfants, j'ai suppléé provisoirement à cette lacune par une statistique personnelle. J'ai pris pour base de cette statistique une série de trente accouchements *successifs*, faits chez des travailleurs de toute condition, dans un quartier de Paris essentiellement ouvrier; j'ai relevé les chiffres suivants :

8 enfants ont été allaités par leur mère;

3 au biberon d'après mes indications, c'est-à-dire, après un commencement d'allaitement maternel, et avec du lait de la même vache;

19 ont été envoyés en nourrice dans les départements.

Au bout d'une année, voici quels ont été les résultats :

Des 8 enfants nourris par la mère, un seul avait succombé à une maladie aiguë (bronchite capillaire); les trois allaités au biberon vivaient et jouissaient d'une assez bonne santé.

Des 19 envoyés chez des nourrices salariées, trois *étaient morts*;

quatre auraient succombé si les parents ne les avaient mis en de meilleures mains ou ne les avaient repris chez eux, après avoir constaté qu'ils étaient très-mal chez ces nourrices.

6, étant élevés chez des parents ou surveillés par des amis dévoués, vivaient *tous*, bien qu'un seul fût incomplétement élevé au sein, et les cinq autres au *petit pot* : j'avais bien recommandé de ne donner que du lait de la même vache, mais je ne suis pas sûr qu'on ait toujours obéi à cette prescription.

Enfin, les six autres vivaient plusieurs mois après la naissance; mais des nouvelles plus directes ont été impossibles à recueillir, car j'ai perdu les parents de vue par suite de déménagements.

Quelque restreinte que soit cette statistique, elle a son importance. Si chaque médecin exerçant dans des quartiers analogues veut bien se donner la peine de faire le relevé de ses accouchements, on verra que nous sommes dans la moyenne, en déclarant que les deux tiers des mères de la classe ouvrière de Paris sont dans l'impossibilité relative d'allaiter et de conserver leurs enfants chez elles. Je dis dans l'impossibilité *relative*, car lorsque la situation est bien raisonnée, les femmes qui travaillent chez elles ont un avantage matériel à nourrir en travaillant. Depuis deux ans surtout, je fais tous mes efforts pour engager les mères qui ont quelque bien-être à nourrir elles-mêmes. En même temps, j'établis d'après leurs indications la *moins-value* de leur travail, et j'établis la balance avec les frais du nourrissage salarié. Je suis arrivé à me convaincre que les femmes qui travaillent dans leur chambre avec une ou plusieurs ouvrières ou apprenties, telles que les giletières, les piqueuses de bottines, etc., manquent de gagner à peine le prix des mois de nourrice, 1 franc à 1 fr. 50 par jour.

Afin de pouvoir apprécier le degré de confiance que l'on doit accorder à ces nourrices, il faut examiner comment les familles se les procurent.

Un grand nombre, le plus grand nombre peut-être, sont prises au bureau dirigé et surveillé par l'Assistance publique; quelques-unes sont fournies par des bureaux privés, plus spécialement destinés aux nourrices sur *lieu* : ces dernières ne sont pas soumises à une surveillance sérieuse; d'autres, enfin, sont directement procurées par des intermédiaires, qui les connaissent plus ou moins, et vivent ou ont vécu dans le même pays.

Les nourrices prises au bureau de l'Assistance publique présentent des garanties particulières de santé, car elles sont soumises à l'examen d'un homme compétent.

Mais est-il toujours vrai que la nourrice qui se présente donnera le sein au nourrisson qu'on lui confie? Ne sait-on pas que, dans cette industrie, des femmes se sont chargées de faire le *recrutement* des nourrissons au profit d'éleveuses qui n'ont pas de lait? Mettons de côté ces objections, et prenons le cas le plus favorable; il arrivera ceci : la nourrice sevrera son enfant au profit du nourrisson étranger, et lui imposera l'alimentation prématurée. En restant fidèle à son mandat, cette mère commet une mauvaise action, elle compromet la santé de son propre enfant, pour un salaire! Qui se sentira le courage d'approuver moralement une pareille exploitation? Cette nourrice allaitera-t-elle les deux enfants à la fois? Une pareille tentative aboutira presque toujours à l'alimentation prématurée des deux nourrissons, car l'expérience est là pour le prouver, les meilleures nourrices ne peuvent suffisamment allaiter deux nourrissons le temps nécessaire, pas plus à la fois que successivement. Les exceptions sont tellement rares, que nous ne devons pas en tenir compte dans ce travail d'organisation générale.

Le seul moyen qui permettrait de concilier tous les intérêts serait le suivant :

La nourrice cesserait d'allaiter son enfant au profit du nourrisson étranger ; elle continuerait l'allaitement du premier au biberon, avec du lait *vivant* de la chèvre ou de la même vache, en ayant soin d'ajouter *seulement de l'eau* pure, en quantité variable, suivant l'âge ou les aptitudes digestives du nouveau-né. Avec ces précautions, et beaucoup d'autres que nous allons indiquer, tout irait pour le mieux ; mais ces précautions, on ne les prend pas, et on ne les prendra pas, à cause des mauvaises habitudes d'élevage qui sont invétérées dans les campagnes et qu'on ne pourra corriger que lentement par les démonstrations scientifiques faites dans des *écoles publiques de puériculture*.

La surveillance administrative ne suffit pas pour protéger les nouveau-nés contre les mauvais traitements, souvent involontaires, dont ils sont victimes.

Malgré les grands efforts de l'Assistance publique pour surveiller les enfants confiés aux nourrices prises dans ses bureaux, nous voyons tous les jours revenir chez leurs parents des enfants étiolés, dont la constitution est à jamais compromise par les ravages d'une mauvaise alimentation, et cependant on reçoit, même dans ces conditions, les meilleures nouvelles sur la santé de ces petits malheureux.

Si cette surveillance est insuffisante pour les nourrices prises au bureau de l'administration, que sera-ce des enfants livrés sans contrôle dans les bureaux privés, qui sont le rendez-vous commun de ces femmes qui se livrent en quelque sorte à la traite des nourrissons? Les nouveau-nés confiés à cette seconde catégorie de nourrices non-seulement ne sont pas allaités au sein, mais souvent ils ne sont pas nourris avec du lait. Nous avons pu recueillir des observations qui établissent que ces malheureuses femmes, dépourvues du nécessaire, alimentent ces nouveau-nés avec des panades et les aliments grossiers dont elles se nourrissent elles-mêmes, et cela dès les premiers jours de la naissance.

Ce sont ces prétendues nourrices qui imposent à l'humanité cette effrayante mortalité dont parlent les statistiques, et qu'on ne devrait pas même subir aux plus mauvais jours des épidémies meurtrières, car les nouveau-nés subissent peu les influences épidémiques durant les deux premières années, et cependant les statistiques officielles prouvent que cette mortalité porte sur les enfants de la première année. De plus, c'est en général à des accidents diarrhéiques qu'ils succombent. Or, comme ces accidents sont relativement rares avant le sevrage chez les enfants allaités par la mère, ne doit-on pas les rattacher à un vice d'élevage quand la mortalité atteint le chiffre officiel de 55,88 p. 100 dans la première année de la vie?

Les nourrices de la troisième catégorie, celles qui sont procurées par *connaissance*, et surveillées par des intéressés, font assurément moins de victimes. Dans ce cas, les enfants sont rarement allaités au sein, mais il le sont abondamment avec du lait de vache ou du lait de chèvre de bonne qualité.

Généralement ce sont des femmes âgées, ayant une grande habitude de l'élevage au *petit pot*, qui en prennent soin. Bien qu'on ait encore à déplorer ici les conséquences de l'alimentation prématurée, il est certain que cette dernière situation est la moins fâcheuse pour l'avenir des nouveau-nés, notre statistique personnelle ne laisse aucun doute à cet égard. Ces enfants ne seront jamais aussi *forts* et aussi *résistants* que s'ils avaient été *bien* allaités par la mère, mais encore une fois, ils se *sauvent* en grand nombre, et fournissent des hommes d'une constitution moyenne. Que ceux qui voudront se rendre compte de l'influence des divers systèmes d'élevage recherchent, comme je l'ai fait, chez les divers membres d'une même famille, *originaire de la campagne*, ceux qui ont été allaités par la mère et ceux qui ont subi le *petit pot*; ils constateront des différences dans la constitution à l'âge adulte et à l'âge mûr. J'ai sous les yeux, en ce moment, deux frères et deux sœurs appartenant à une vigoureuse famille d'Alsace : les deux frères et une des sœurs ont été allaités par la mère, ils sont organisés en athlètes et doués d'une force tout à fait exceptionnel; ils n'ont jamais subi l'influence des maladies régnantes.

L'autre sœur a été allaitée au lait de vache dès sa naissance. Lorsqu'on la voit isolément, on ne peut s'empêcher de lui reconnaître une bonne constitution apparente; mais aussitôt qu'on établit *de visu* la comparaison avec ses frères et sa sœur, on reste convaincu qu'elle est physiquement au-dessous de ce qu'elle pouvait être. Cette même différence se traduit dans la prédisposition morbide. Cette jeune fille a constamment subi l'influence des maladies régnantes : je lui ai donné des soins pour des angines, des bronchites, des érysipèles, des indispositions fréquentes qui n'atteignent jamais les autres membres de la famille, qui sont aptes, du reste, à fournir plus de travail dans un temps donné. Je pourrais multiplier les observations de cette nature, elles aboutissent toutes aux mêmes conclusions. Ces conclusions ont été déduites depuis longtemps par les éleveurs des races domestiques destinées à la traction ou à la course.

Lorsque l'on compare, au moyen des statistiques (1) qu'on a publiées à propos des dernières guerres, la résistance relative des soldats des différents pays, on reste convaincu que le soldat français, le plus fougueux dans l'action, est celui qui s'épuise le plus rapidement. L'armée française a partout fourni un épouvantable contingent de morts, suite de maladies. Il serait utile de comparer dans cette mortalité le tribut payé par les soldats nés dans les grandes villes et ceux qui sont originaires des départements où les mères allaitent leurs enfants. Tout tend à prouver que cette étude viendrait à l'appui de notre thèse, et que la *constitution acquise* a autant d'influence sur cette mortalité que la mauvaise organisation de l'intendance, que je ne cherche pas à disculper.

La conclusion rigoureuse à tirer de l'ensemble des faits précédemment exposés est que les nouveau-nés de Paris envoyés dans les départements ne sont que *très-exceptionnellement* allaités au sein ; qu'il serait même impossible de trouver dans les campagnes de bonnes nourrices pouvant allaiter, attendu que les bonnes mères ont déjà élevé leur enfant lorsqu'elles se décident à faire une *seconde nourriture,* que l'on peut déclarer généralement dangereuse.

La nourrice mercenaire n'est moralement possible que dans le

---

(1) Rapport du docteur Chenu sur la campagne de Crimée.

cas particulier où elle perd accidentellement son enfant dans les premiers mois de l'allaitement.

Les nourrisons de Paris ne sont donc pas confiés à une véritable nourrice, mais à une *éleveuse*. L'observation démontre que l'élevage de ces nouveau-nés, conduit d'après des habitudes vicieuses, est contraire aux règles de l'hygiène la plus élémentaire ; que la routine empêchera toujours la voix de la science d'être entendue dans un milieu si plein de défiance pour les conseils qui touchent à leurs traditions : il faut donc cesser de maintenir un système qui défie toutes les combinaisons administratives depuis plusieurs siècles. Pour atteindre un résultat meilleur, il suffirait de faire cet *élevage* sous la surveillance d'autorités compétentes. Point n'est besoin d'exiler les nouveau-nés dans des villages inconnus où les parents ne peuvent jamais les visiter. Au lieu de cet élevage routinier et dangereux, puisqu'il *tue* un nombre considérable d'enfants et multiplie de plus en plus les mauvaises constitutions, faisons aux portes des grandes villes un élevage régulier, hygiénique, sous la double surveillance de l'administration et de la famille.

III

Troisième proposition. — *Pour obvier de suite à la mortalité des enfants nouveau-nés, il faut imposer aux mères au moins l'allaitement transitoire ; modifier en même temps le système d'allaitement des hôpitaux, et remplacer l'industrie des nourrices par des fermes-nourrices créées à la fois par l'administration et l'industrie privée.*

Les moyens pratiques qui permettraient d'obvier de suite à la mortalité des nouveau-nés incombent à la fois aux parents, aux médecins et à l'administration.

Pour ce qui concerne les parents, les courageuses publications de M. le docteur Monot, de Montsauche (1), et de M. le docteur Brochard (2), les ont suffisamment éclairés sur le malheureux sort qui

---

(1) *De l'Industrie des nourrices et de la mortalité des petits enfants*, Académie de médecine, 1866, par M. Monot.
(2) *L'Allaitement maternel*, par M. Brochard. Paris, 1870.

est réservé à la plupart des enfants envoyés chez des nourrices inconnues. Ceux qui ont lu ces publications, et qui ne s'imposeront pas à l'avenir de sérieux sacrifices pour les soustraire à l'industrie des *éleveuses*, laisseront croire que la destinée de leurs enfants les préoccupe infiniment peu. Cette supposition est loin d'être gratuite. L'abrutissement alcoolique, qui tend à se généraliser dans certaines régions sociales, amoindrit graduellement toute espèce de sensibilité. On ne voit souvent, dans le nouveau-né, qu'un importun dont le fâcheux avénement inspire peu de satisfaction. Aussi, le voit-on partir sans regret chez la mauvaise nourrice. N'a-t-on pas démontré (1) que certaines éleveuses qui ne rendent *jamais* d'enfant sont en quelque sorte recherchées par de mauvais parents ! C'est l'infanticide organisé pour l'impunité. Il serait certainement difficile de faire cesser ces mauvaises dispositions des parents par tout autre moyen qu'une meilleure éducation des masses, mais en attendant que l'organisation en soit arrivée là, il nous semble qu'il est possible de supprimer les mauvaises *éleveuses*.

A côté de ces monstrueuses exceptions, relativement rares, sont de nombreuses familles qui aiment leurs enfants et qui les perdent avec le plus grand regret. Beaucoup de ces familles ont compris, par leur propre observation, la cause de la mortalité des enfants qu'elles ont envoyés en nourrice, et après plusieurs pertes douloureuses, les mères se sont résignées à allaiter en travaillant. Elles ont pu se convaincre alors que cette mortalité imputée à la *faiblesse native* cessait avec l'allaitement maternel.

Rien n'était plus naturel *à priori*. Cependant, il a fallu la répétition de funèbres expériences pour que cette détermination fût prise. Les choses se passeraient autrement si toutes ces questions d'hygiène étaient généralement enseignées comme des notions de première nécessité. Convenons-en, puisque ce fait s'offre tous les jours à notre observation, il est dangereux d'enlever toute initiative aux masses. Du jour où l'initiative privée s'éveillera à propos de l'éducation physique des nouveau-nés, elle suffira pour supprimer un mal que les mesures administratives ont laissé et laisseront encore longtemps subsister.

Il faut donc que les parents sachent bien, à l'avenir, que tout enfant envoyé en nourrice sous la sauvegarde du système actuel est voué à l'alternative de mourir dans le courant de la première an-

---

(1) Brochard, *loc. cit.*, p. 76.

née, ou de vivre avec une constitution plus ou moins altérée, parce qu'il aura ingéré, dès les premiers jours, un aliment qui ne lui convient pas, qu'il ne sera pas convenablement allaité, qu'il subira l'alimentation prématurée, sans préjudice d'autres mauvais traitements. Une fois cette vérité gravée dans l'esprit de tout le monde, dès que l'on sera bien persuadé que les nourrices sur lieu sont à peu près les seules qui allaitent véritablement au sein, un grand nombre de mères s'imposeront l'allaitement. Mais pour que cette transformation se fasse dans nos mœurs et dans nos habitudes, il faut que les médecins cessent de conseiller le contraire.

Cependant, il faut bien en convenir, certaines professions seront toujours un obstacle à l'allaitement maternel. De ce nombre sont les domestiques forcées de vivre chez leurs maîtres. Aux mères qui se trouvent dans cette condition, il suffirait d'un allaitement de quinze jours, juste le temps exigé pour le repos à la suite de l'accouchement. Ce court allaitement, favorable à la mère, permettrait de continuer l'élevage au biberon tel que nous le mettons en pratique. Voilà pour la classe ouvrière. Quant à la classe riche, nous l'avons dit, elle peut généralement allaiter. Tous les efforts des médecins doivent tendre à vulgariser l'allaitement maternel chez les femmes *du monde*. C'est ici surtout que les efforts de la Société protectrice de l'enfance peuvent être couronnés de succès. Cette tâche sera difficile, on ne saurait se le dissimuler, tant que les hommes pour ainsi dire à la fois spéciaux et officiels persisteront à dire et à faire croire que « la moitié des femmes des grandes villes ne peuvent pas allaiter, soit que les glandes mammaires soient dans un état rudimentaire, soit qu'elles ne sécrètent pas de lait. »

Je persiste à soutenir que c'est là une idée préconçue ; j'ai fait nourrir avec succès des femmes du monde que les oracles avaient déclarées impropres à l'allaitement. Je puis même dire que c'est avec grand'peine que l'on parvient à vaincre la résistance des familles endoctrinées par les grands accoucheurs. Il est convenu dans les hautes sphères médicales que toute femme d'apparence chétive ne peut pas nourrir, et alors on conseille de suite la nourrice sur lieu sans faire la moindre tentative. Pour défendre ce système, qui plaît souvent aux familles parce qu'elles ne se rendent pas compte du danger, on invoque quelques exceptions, que l'on s'empresse d'ériger en règle générale. Les nourrices abondent, dit-on, on n'en a jamais manqué, à quoi bon fatiguer ces dames par les ennuis de l'allaitement!

Les nourrices ne manquent jamais, je le sais malheureusement trop ! Je laisse à M. le docteur Monot le soin d'établir la situation qui est faite à l'enfant de cette nourrice sur lieu. « Convaincu que plus son lait sera jeune, plus son placement sera avantageux, elle hâte ses préparatifs de départ... son enfant mourra, peu lui importe... Pendant qu'elle vit à Paris dans le luxe, ses enfants sont livrés à eux-mêmes ou confiés aux soins d'une voisine, qui s'en occupe très-peu. Ils sont malades, personne n'est là pour les soigner. Son mari va au cabaret, contracte des habitudes de dépense et de débauche. La vie de la famille est détruite à jamais. » Rien n'est plus exact, la description est navrante de réalité pour tous ceux qui ont étudié la question de près. Mais ce n'est pas tout, qu'arrive-t-il ensuite dans les départements qui fournissent les nourrices sur lieu, dont MM. les accoucheurs n'ont jamais manqué ? »

« Ces départements ont beaucoup de peine à fournir le contingent de la conscription, tant les jeunes gens y sont faiblement constitués. » (Brochard.)

L'affaiblissement de cette population n'est pas dû seulement « aux nourritures répétées des mères, » comme le dit M. le docteur Monot, mais aux mauvais soins des nouveau-nés abandonnés en quelque sorte par leurs parents et condamnés à l'alimentation prématurée.

Et dans les familles riches que se passe-t-il ? L'enfant d'un jour prend un lait d'un ou de plusieurs mois, on compromet dès le principe son organisation, et on lui donne, comme au jeune animal élevé de la sorte, une constitution délicate.

En résumé, on arrive à faire des *réformés* en province et des petits crevés des deux sexes à la ville, voilà le résultat que l'on obtient avec les nourrices si faciles à trouver ! Ces faits sont confirmés par l'observation de tous les jours, ils s'imposent à tous les observateurs qui ont des yeux pour voir; cependant ne croyez pas que les cris des hommes qui protestent contre ce système aient quelque chance d'être entendus de sitôt. Nous avons à lutter contre des pots de fer notre génération s'usera, selon l'habitude de nos institutions françaises, avant que l'on daigne mettre un terme à ces causes multiples de dépopulation et de dégénérescence de notre race, qui menace de ne pouvoir conserver sa vigueur que par les mélanges de *l'immigration*.

Je le répète à mon tour, dans un sens opposé, « l'expérience n'est plus à faire », la plupart des femmes de grandes villes peuvent nourrir quelques semaines. Après cet essai, beaucoup s'aperçoivent qu'elles peuvent continuer l'allaitement, et la mère et le nouveau-né s'en trouvent bien.

Celles qui sont forcées de cesser de nourrir après un court allaitement ont déjà fait leur devoir, elles ont mis le nouveau-né à même de pouvoir sans danger prendre le lait d'une nourrice qui a perdu son enfant, par exemple, ou du lait de vache et de chèvre.

A partir du troisième mois, afin que la mère délicate échappe à la fatigue, je donne pendant la nuit, selon l'usage anglais, du lait animal de la traite du soir. La mère peut aussi continuer d'allaiter jusqu'à l'éruption des huit premières dents, époque à laquelle il convient d'opérer le sevrage sans discontinuer le régime lacté, que je conseille de faire prédominer jusqu'à la fin de la seconde année.

Pour les enfants qui naissent dans les hôpitaux, l'administration devrait prendre toutes les mesures nécessaires pour *forcer les mères* à allaiter pendant leur séjour dans les salles ou chez les sages-femmes. Le repos, suite de couches, devrait être porté de neuf à quinze jours.

Au neuvième jour, par exemple, les nouvelles accouchées auraient avantage à être transférées dans une salle de *convalescence*(1); ce système aurait pour triple effet de les changer d'air, de préserver les femmes des dangers de la marche prématurée, et d'accorder six jours de plus d'allaitement maternel au nouveau-né. Alors l'administration pourrait reprendre avec succès l'encouragement de l'allaitement maternel, en donnant à la mère pendant dix mois l'indemnité de la *nourrice* pour les familles qui ont droit à cette indemnité.

Quant aux nourrissons que la mère doit absolument confier à des soins étrangers, ainsi que les enfants abandonnés, il serait moins périlleux de les livrer de suite aux *ferme-nourrices* dont nous allons parler, que de les envoyer chez des éleveuses inconnues. Il serait surtout urgent de ne plus faire subir aux derniers l'étape meurtrière de l'hôpital des Enfants-Assistés.

En attendant cette nouvelle organisation, l'Assistance publique devrait bien tenir à la disposition des salles d'accouchements, des salles où l'on reçoit des nourrices pour cause de maladie de la mère ou de l'enfant, et des services de l'hôpital des Enfants-Assistés, *du lait vivant trois fois par jour*.

Pour cela, il suffirait d'avoir une bonne vache laitière dans chaque hôpital où se trouvent des nouveau-nés. On ne donnerait plus à ces malheureux petits êtres ce lait mélangé et bouilli que nous voyons distribuer chaque matin dans nos hôpitaux. Cette simple modifica-

---

(1) Pourquoi ne pas réserver un pavillon à cet effet dans les maternités en projet, si l'on tient absolument à conserver des maternités?

tion dans l'approvisionnement du lait rendrait déjà d'immenses services et permettrait de conserver la vie à de nombreux nourrissons qui succombent journellement à des accidents du côté des voies digestives, accidents qui seraient en général conjurés par l'administration du lait tel que nous le conseillons.

L'Assistance publique ne demande pas mieux que de bien faire, j'en suis convaincu, mais elle n'a pas pour mission de juger les qualités différentes du lait *bouilli* et du lait *vivant*. Que les médecins chargés de ces services s'inquiètent seulement de ce point d'hygiène si important pour la conservation des nouveau-nés, et l'administration ne refusera pas, ne pourra pas refuser du lait fraîchement trait.

Pour réunir les avantages qui permettraient de vulgariser notre système d'allaitement, destiné à obvier à la mortalité des nouveau-nés dont la mère ne peut continuer l'allaitement, il suffirait d'organiser, avons-nous dit, *des fermes-nourrices* à proximité des grandes villes. Ces fermes seraient à la fois sous la surveillance de l'administration et des familles, qui ne seraient plus entièrement séparées de leurs enfants.

Ces établissements seraient installés de manière à nourrir une vache pour dix ou douze enfants, ou une chèvre (1) pour deux nourrissons.

Les nourrissons seraient placés dans de petits dortoirs rectangulaires, disposés de manière à pouvoir être facilement chauffés et ventilés *par éclusées*, selon le système que j'ai décrit ailleurs.

L'âge du lait des vaches ou des chèvres correspondrait, autant que possible, à l'âge des séries de nourrissons.

Les animaux destinés à fournir le lait sortiraient, ne fût-ce qu'une demi-heure soir et matin, en se rendant à l'abreuvoir, par exemple, pour respirer l'air extérieur si nécessaire à la sécrétion d'un lait de bonne qualité.

L'installation se ferait, en un mot, de manière à mettre ces animaux dans les meilleures conditions hygiéniques. On les ferait paître l'été autant que possible, et on les nourrirait l'hiver surtout avec des fourrages naturels. On donnerait ainsi au lait certaines qualités importantes et l'on amoindrirait le goût particulier qui caractérise le lait des vaches complètement *cloîtrées*.

---

(1) Notons que la chèvre se prête merveilleusement à l'allaitement direct ; elle peut à la rigueur remplacer la nourrice sur lieu. Pour cette fonction, on choisit en général la chèvre blanche, sans cornes.

On a souvent parlé des vaches phthisiques, et des craintes ont été manifestées relativement au lait des vacheries de Paris.

Ces craintes sont mal fondées. Les éleveurs ne gardent pas de vaches phthisiques; ils s'empressent de *réaliser* celles qui menacent de le devenir, attendu qu'en les gardant ils subiraient la double perte du lait que l'animal ne donnerait plus en quantité suffisamment rémunératrice, et de la viande par l'amaigrissement progressif. On ne saurait donc se préoccuper sérieusement du danger du lait de ces vacheries. Du reste, l'expérience est faite, j'élève depuis plusieurs années de beaux nourrissons avec le lait des vaches de Paris.

Dans ces fermes, les enfants seraient placés dans des dortoirs isolés les uns des autres et en nombre restreint, afin d'éviter l'encombrement.

Pour qu'il ne pût jamais s'élever aucun doute sur l'identité de ces nouveau-nés, garantie que ne donne pas toujours l'industrie des nourrices, chaque nourrisson porterait un signe fixe qui se répéterait sur les langes, la couchette et la vache chargée de l'allaiter. Avec cette mesure d'ordre, toute substitution deviendrait impossible, tandis que les mauvaises éleveuses, qui dans l'organisation actuelle emportent au loin les enfants, peuvent rendre aux parents qui n'exercent aucune surveillance l'enfant qui leur plait, après un temps plus ou moins long. Les exemples de substitution et de payement de mois de nourrice longtemps après la mort des nourrissons sont moins rares qu'on ne le croit.

Deux femmes intelligentes suffiraient pour donner les meilleurs soins à la population restreinte de chaque dortoir. Avec une bonne division du travail, qui consisterait à bien régler les heures des repas et de la toilette, elles auraient encore le temps de promener les nourrissons dans de petites voitures disposées à cet usage.

En cas d'épidémie, fait assez rare chez les nouveau-nés après une bonne vaccination, on placerait les petits malades dans une infirmerie isolée.

On aurait soin de ménager dans la ferme un petit dortoir de *rechange* qui permettrait le *nettoyage* régulier de tout l'établissement toutes les fois qu'on le jugerait utile.

Les enfants acceptés dans les fermes, ayant en général pris le sein de la mère pendant une quinzaine de jours, six repas en vingt-quatre heures seraient suffisants. On ignore en général, bien que M. Bouchut ait insisté sur ce point, qu'il faut laisser au nouveau-né le temps de bien digérer chaque repas, et que rien n'est plus pernicieux que cet allaitement presque continuel que s'imposent les mères par un excès de zèle mal raisonné.

Trois de ces six repas correspondraient aux heures de la traite des vaches et des chèvres, afin de donner trois fois par jour du lait *tout à fait vivant*. Cette précaution est indispensable pour la réussite complète d'un bon élevage au biberon. Il faut surtout ne pas la négliger, lorsque des *forces majeures* privent le nouveau-né du court allaitement maternel préalable. Cet allaitement est d'une importance telle, que j'accepterais volontiers la proposition de moyens coercitifs contre toute mère qui s'en dispenserait sans motifs graves. L'enfant appartient autant à la société qu'à la famille. Aussi la loi le venge des sévices des parents. Or, étant bien établi que la suppression de cet allaitement maternel de quelques jours est une condition qui augmente dans des proportions énormes la mortalité des nouveau-nés, et laisse aux survivants des chances plus nombreuses de mauvaise santé, la loi, gardienne des intérêts publics, devrait envisager un pareil acte comme un délit. Lorsque le nouveau-né n'est pas allaité au sein pendant les premiers jours de la vie, l'élevage au biberon devient beaucoup plus difficile. C'est alors surtout qu'il faut avoir recours au lait vivant, craindre de donner ce lait trop caséeux, et ne pas hésiter à le couper avec quantité suffisante d'eau.

Le biberon, quoi qu'on en dise, est un excellent système d'élevage. Ceux qui l'accusent n'ont jamais fait eux-mêmes l'expérience du système, ou, s'ils l'ont faite, ils s'y sont mal pris. J'ai étudié cette question avec assez de soin pour ne plus redouter un démenti expérimental. Quant aux démentis théoriques qui m'arrivent de temps en temps, je n'ai pas besoin de déclarer que je n'en fais aucun cas.

Le système peut se résumer ainsi : faire nourrir la mère le plus longtemps possible, quinze jours, un mois. Puis allaiter au biberon, en faisant usage du lait de la même vache ou de la même chèvre, lait qu'il faut étendre d'une quantité d'eau sucrée, variable avec l'âge de l'enfant et ses aptitudes digestives.

Si l'enfant ne vomit pas, s'il n'a pas de diarrhée verte, s'il boit avec avidité et menace de pâlir, on augmente progressivement la dose du lait. Dans le cas contraire, on augmente encore la dose de l'eau. Quand la diarrhée verte persiste avec un lait très-affaibli, on remplace l'eau ordinaire par de l'eau minérale de Saint-Galmier, ou bien par de l'eau de Vichy du puits Lardy. Le lait trop étendu d'eau n'a pas d'autre inconvénient que de faire maigrir le nouveau-né. Vaut mieux retarder le *profit* que d'altérer les voies digestives par un lait trop fort. On néglige trop souvent d'atténuer la richesse caséeuse du lait de la nourrice, quand cette nourrice, accouchée depuis plusieurs mois, donne le sein au nourrisson qui vient de naître. Dans cette circonstance, j'ai pour habitude de donner deux ou trois cuillerées d'eau au nourrisson avant chaque repas. J'affaiblis ainsi le lait de la nourrice, et j'ai la conviction que l'on prévient, par cette précaution, les troubles intestinaux et les éruptions cutanées qu'on observe si souvent chez les nouveau-nés qui n'ont pas absorbé le premier lait de la sécrétion mammaire.

Il est très-important de donner trois fois par jour du lait *vivant*, disons-nous, c'est-à-dire du lait qu'on vient de traire. L'effet alimentaire du lait *mort*, du lait refroidi depuis une dizaine d'heures, ou du lait cuit, n'est pas à comparer à celui du lait vivant, vulgairement appelé lait *bouru*, lait non *coulé*. Buffon signale cette différence.

Je crois avoir établi, sur des faits d'analyses positives, ce que l'observation avait permis de constater.

Lorsqu'on allaite deux jeunes chiens, l'un avec du lait vivant, l'autre avec du lait mort et mélangé, la différence du *profit* peut se traduire en poids par plus de vingt grammes par jour ! Chez l'enfant, les effets ne sont pas moins sensibles. Aussi, pour les enfants que j'élève à Paris, je tiens absolument à ce que les parents prennent deux fois par jour du lait à la vacherie aux heures où l'on trait les vaches, et je fais allaiter le nouveau-né aux heures correspondantes afin qu'il reçoive deux fois au moins en 24 heures du lait non refroidi.

Je tiens à ce que l'on donne du lait d'une *seule* vache; il est bon de prendre toujours le lait de la même vache, mais l'indication du lait non mélangé est seule impérieuse. Pourquoi cela? Je crois avoir trouvé la raison théorique de ce fait, que l'expérience a justifié depuis longtemps, à propos de la *cure* du lait chaud *sortant* de la bête, prescrit avec tant de succès par nos confrères qui exercent dans les campagnes.

L'observation m'a permis de constater que le lait mélangé se coagule très-rapidement. Cela tient à ce que le lait de certaines vaches renferme un principe extractif qui hâte la fermentation lactique lorsqu'on le mélange au lait d'un autre animal.

Cette expérience est facile à répéter. On prend isolément le lait de plusieurs vaches. Ces échantillons séparés résistent un temps variable à la fermentation lactique. Lorsqu'on répète l'expérience avec le mélange de ces divers échantillons, on constate que la fermentation est plus rapide pour l'ensemble que pour chacun en particulier. On peut conclure de ces faits que le lait non mélangé est tout simplement plus facile à digérer, car l'estomac du nouveau-né, nous l'avons déjà dit, *chymifie* difficilement le *lait caillé*. On comprend, d'après ces faits, les avantages du lait de la même vache ou de la même chèvre.

Il importe aussi que le lait soit donné *toujours* au moyen d'un biberon convenable, et non au moyen du verre ou du *petit pot*, le nouveau-né ne pouvant bien avaler que par succion. Lorsqu'on se contente de faire boire à la cuiller, on s'expose à le nourrir d'une manière insuffisante, à le faire avaler de travers, et à provoquer ainsi gratuitement des accès de toux.

De plus, par la succion, il provoque des sécrétions buccales, qui, mélangées au lait, ne sont pas sans utilité pour la digestion. Le biberon, du reste, est plus commode sous tous les rapports, il économise du temps. Lorsque l'élevage se fait en famille, on n'a pas besoin d'avoir du feu allumé pour tiédir le lait la nuit. L'éleveuse tient l'instrument à côté d'elle ou bien le place à côté de l'enfant, dont la chaleur rayonnante suffit.

Ai-je besoin d'insister encore sur les inconvénients du lait bouilli? Du moment que je crois utile d'imposer le lait vivant, il ne me paraît pas nécessaire de combattre les inconvénients du lait cuit, qui se trouve privé en plus de sa faible proportion d'albumine, si utile à la nutrition des nouveau-nés.

L'exposition des faits qui précèdent ne me permet pas d'accepter l'usage général des aliments artificiels que l'on cherche à substituer au lait. Il est impossible que la farine lactée et la préparation d'œufs si ingénieuse décrites dans l'excellente thèse de M. le docteur C. A. Coudereau (1) puissent jamais être sérieusement considérées comme des succédanés du lait. Je trouve même singulier, je le répète, que l'on cherche à imiter le lait, quand la nature nous l'offre en abondance. Tous ces aliments, étayés par les meilleures dissertations d'apparence scientifique, ne peuvent convenir qu'aux enfants déjà allaités ou à quelques organisations privilégiées; dans l'immense majorité des cas, ce système ne peut avoir que les dangers de l'alimentation prématurée.

Je livre les propositions de ce travail à l'appréciation des membres de l'Académie de médecine chargés de modifier le rapport de

---

(1) Thèse de Paris, 1869, — *sur l'Alimentation des enfants.*

la dernière commission. Il me semble que toutes les déterminations administratives qui n'aboutiront pas à *imposer* l'allaitement maternel durant les premiers jours, puis l'allaitement animal au lait *vivant* aux nouveau-nés dont l'allaitement ne peut être continué par la mère, toutes les déterminations qui n'auront pas ce résultat, je le répète, ne sauraient remédier sensiblement à la mortalité des nouveau-nés. La mise en pratique pure et simple du système complexe que j'ai décrit, après une assez longue expérience, résoudrait en partie le problème au point de vue de l'hygiène des nouveau-nés, et, partant, de leur conservation. Mais il laisse encore beaucoup à faire au point de vue social, surtout en ce qui concerne les enfants abandonnés, que je voudrais voir élever, instruire et diriger par l'État, qui aurait, dans cette jeunesse isolée de toute influence, les meilleurs éléments pour une bonne colonisation et un noyau dévoué d'armée permanente, tout en leur laissant, bien entendu, la liberté individuelle la plus complète. Cette partie de la question ne pouvant être traitée ici, je me propose d'en faire une étude à part.

Paris. — Typographie POUGIN, quai Voltaire, 13.

www.ingramcontent.com/pod-product-compliance
Lightning Source LLC
LaVergne TN
LVHW021712080426
835510LV00011B/1735